L'APPARITION

OPÉRA EN DEUX ACTES,

Paroles de M. GERMAIN DELAVIGNE,

MUSIQUE

DE M. BENOIT.

REPRÉSENTÉ POUR LA PREMIÈRE FOIS

SUR LE THÉATRE DE LA NATION (OPÉRA),

Le 16 Juin 1848.

PARIS,

CHEZ Mme Ve JONAS,

LIBRAIRE-ÉDITEUR DU THÉATRE DE LA NATION (OPÉRA),

PASSAGE DU GRAND-CERF, 52.

TRESSE, PALAIS-NATIONAL, GALERIE DE CHARTRES, 2 ET 3;

MICHEL LÉVY, FRÈRES, RUE VIVIENNE, 1.

1848

DISTRIBUTION.

PERSONNAGES.	ACTEURS.
ROGER, } Officiers français	MM. POULTIER.
FARGY, }	BAROILHET.
ALVAR, chef de guérillas	PORTHEAU.
NUGNES, muletier	ALIZARD.
PEDRO, tauréador	BARBOT.
UN SOUS-OFFICIER	KOENIG.
CLARA DE TORELLAS	Mmes MASSON.
BÉATRIX, sa nourrice	COURTOT.

PAYSANS, PAYSANNES, SOLDATS FRANÇAIS, GUÉRILLAS.

CHANT.

CHŒURS.

Premiers Dessus.

Mmes Sèvres.	Mmes Desgranges.
Proche.	Prély.
Duclos.	Bertin.
Courtois.	Albertini.
Mariette.	Berger.
Hirschler.	Bengraf 1re.
Rémy.	Bengraf 2me.
Lemarre.	Garreau.
Guillaumot.	Gaide.
Legrand.	Géraldine.
Marcus.	Sophie.
Adam.	

Seconds Dessus.

Mmes Bouvenne.	Mmes Vaillant.
Ingrand.	Jacques.
Baron.	Monet.
Villers.	Gheringhelli.
Bournay.	Colomb.
Tuffraut.	Vigié.
Gouffier.	Blanche.

Premiers Ténors.

MM. Picardat.	MM. Debarge.
Gousson.	Desdit.
Laforge.	Chazotte.
Laissement	Witting.
Crisson.	Piriz.

Seconds Ténors.

MM. Danger.	MM. Marin.
Olen.	Foy.
Robert.	Bertrand.
Carjani.	Koubly.
Couteau.	Laborde.
Donzel.	André.

Premières Basses.

MM. Hens.	MM. Gommet.
Mano.	Noir.
Montmaud.	Beaucourt.
Delahaye.	

Secondes Basses.

MM. Goyon.
Dontrelean.
Esmery.
Georget.
Minoud.
Ducellier.
Hersent.

MM. Eugène.
Marjollet.
Hennon.
Auguste.
Popé.
Béziat.

Guitaristes.

MM. Chazotte.
Donzel.
Hens.
Goyon.
Witting.

MM. Pérès.
Laborde.
Marin.
Hano.
Eugène.

SECOND ACTE.

15 GUÉRILLAS.

MM. Hens, Goyon, Hano, Hennon, Georget, Noir, Hersent, Cresson, Deadet, Robert, Koubly, Bertrand.

10 SOLDATS FRANÇAIS.

MM. Goujon, Witting, Cajani, Delahaye, Beaucourt, André, Ducellier, Esmery, Eugène, Popé.

DANSE.

Pas Espagnol.

M. Théodore.

Coryphées.

Mlle Marquet 3me.
Rousseau.
Quénian.
Legrain.

Mlle Caroline.
Mlle Mathilde.
Lacoste.
Toussaint.
Nathan.

Corps de Ballet.

Mlles Savel.
Passerine.
Mayet.
Chambret.
Feugère.
Cassegrain.
Giraud.
Monperin.
Tassin.
Durier.
Lefèvre.
Vigier 1re.

Mlles Laurent 2me.
Chauvin.
Damfeld.
Gallois.
Laribeau.
Genty.
Guichard.
Jourdan.
Dedieu.
Bertin.
Clausade.
Heckmans 1re.

Enfants.

MM. Dieul 1er.
Gredelu.
Mirmont.
Sayatelli.
François 2me.
Charchsonnet.
Noire.
Durand.
François 1er.
Dieul 2me.
Friant.
Chéri.

Mlles Sereze.
Gallard 1er.
Cretin.
Picq 1re.
Navare.
Innemet.
Mathé.
Minne.
Monperin 2me.
Begat.
Jourdain.
Picq 2me.

Torréadors.

MM. Rouyet.
Morand.
Bion.
Pluque.

MM. Josset.
Clément.
Petit.
Frappart.

SOLDATS FRANÇAIS.

L'APPARITION,

OPÉRA EN DEUX ACTES.

●●●

ACTE PREMIER.

Le théâtre représente une grotte.

SCÈNE PREMIÈRE.

BÉATRIX, PAYSANS, PAYSANNES.

CHŒUR.

Sorcière vénérable,
Dont la voix redoutable
Fait obéir le diable,
Force-le d'accourir !
Montre-toi dans ta gloire ;
Ouvre ton vieux grimoire :
Je promets de te croire ;
Prédis-nous l'avenir !

UN PAYSAN.

Piétro n'acquitte pas ma rente
Quand donc doit-il me la payer ?

UN AUTRE.

Dans le testament de ma tante
Suis-je son unique héritier ?

UNE VIEILLE FILLE.

Pérez a vingt ans, j'en ai trente :
Dois-je avec lui me marier ?

BÉATRIX.

Laissez-moi ; pour vous satisfaire !
Il faudrait à mon aide appeler le démon ,
Et vous frémiriez tous !

LE CHŒUR.
Non, non !

BÉATRIX.

Tremblez de voir un tel mystère !
Il y va de vos jours, retirez-vous !

LE CHŒUR.
Non, non !

BÉATRIX.

Eh bien, écoutez en silence,
Et gardez-vous de troubler de mes travaux.

LE CHŒUR.

Amis, écoutons en silence.
Et gardons-nous de troubler ses travaux !
Elle veut invoquer les esprits infernaux.
La voici qui commence,
Silence, amis, faisons silence !

BÉATRIX, *elle jette de l'encens sur un trépied et
fait quelques autres cérémonies d'évocation.*

Noirs esprits qui m'obéissez,
Prouvez votre zèle !
Ma voix vous appelle !
De l'enfer, où vous gémissez,
Dans cette enceinte apparaissez !

LE CHŒUR.

Les Paysans s'éloignent insensiblement de Béatrix.

Qu'il se montre, et face à face
De le voir j'aurai l'audace !

BÉATRIX.

Ange déchu, viens à ma voix !
A genoux ! à genoux !

LE CHŒUR.

Les Paysans se mettent à genoux.

Qu'il se montre, et face à face
De le voir j'aurai l'audace !

BÉATRIX.

Ange déchu, viens à ma voix !
De l'enfer il s'élance !
Il arrive, il s'avance !
Il va venir, il vient, je l'entends, je le vois !...

LE CHŒUR.

*Les Paysans se précipitent en foule hors de la
grotte.*

Terreur extrême !
Oui, c'est lui-même !
Sortons d'ici,
Le voici !

~~~~~~

SCÈNE II.

BÉATRIX, *seule, riant.*

Ah ! ah ! ah ! courage admirable !
Ah ! ah ! ces braves gens tous pâles de terreur
Diront qu'ils ont vu le diable,
Et qu'au diable ils ont fait peur.
Enfin, ils sont partis !... Je puis avec mystère
Selon ses vœux recevoir mon enfant,
Celle que j'ai nourrie et qui m'était si chère
Je vais la voir, moi sa seconde mère
Et l'embrasser dans un moment !
Mais on frappe, courons, c'est elle qui m'attend !

~~~~~~

SCÈNE III.

BÉATRIX, CLARA DE TORELLAS.

BÉATRIX.

Clara de Torellas! vous, fille de mes maîtres ! [moi
Vous que je croyais morte !... à vos pieds laissez-

Dans leur digne héritière honorer vos ancêtres.

CLARA.

Sur mon cœur, Béatrix !

BÉATRIX.

Est-il vrai ? je la vois,
Celle que je pleurais, dans mes bras je la presse !
C'est vous, ma noble maîtresse !
Ma Clara, ma fille, c'est toi !

ENSEMBLE.

BÉATRIX.

O joie imprévue !
O doux souvenir !
Mes yeux l'ont revue :
Dieu, je puis mourir !

CLARA.

O joie imprévue !
Quel doux souvenir
S'éveille à sa vue
Et vient m'attendrir !

BÉATRIX.

Tu vis !

CLARA.

Pour me venger !

BÉATRIX.

J'approuve ta vengeance.
Quel qu'en soit l'objet, vengeons-nous.

CLARA.

C'est un Français.

BÉATRIX.

Toujours la France !...
Tombe sur lui le châtiment de tous !

CLARA.

Je l'aimais.

BÉATRIX.

Se peut-il ?

CLARA.

Je l'aimais comme on aime
Sous les feux de ce ciel, ma mère, où je naquis ;
Oui, plus que moi-même,
Plus que mon pays,
Presque autant que mon Dieu.

BÉATRIX.

Clara !

CLARA.

C'est un blasphème,
Et c'est vrai cependant !... Pardonne, être divin,
Tu n'as que trop puni cette ardeur insensée.
Roger... c'est son nom... l'inhumain !
Il a trahi sa fiancée.
De nos nœuds l'heure était fixée.
Aux marches de l'autel je l'attendais en vain.
Il avait disparu !

BÉATRIX.

Lui ?

CLARA.

D'un si lâche outrage,
Sans raison, sans prétexte et sans un mot d'adieu,
Devant les hommes, devant Dieu,
Il a fait rougir mon visage.

BÉATRIX.

Qui, lui ?

CLARA.

Dans mon premier transport,
J'avais honte de vivre et j'appelais la mort ;
Mais la fureur me rendit le courage ;
Je sentis mes pleurs se tarir ;
Voulant la lui donner, cette mort, je l'ai feinte,
Pour qu'il fût sans soupçon, pour que, libre de
[crainte,
Son cœur sans défiance à mes coups vint s'offrir.

BÉATRIX.

Qu'il vienne !

CLARA.

On me pleurait ; tu me pleurais, ma mère ;
Mais moi, debout, moi, pâle, et toute à mon espoir,
Je regardais ma pompe funéraire
Passer dans les ombres du soir.
J'ai vu tous les miens en silence
La suivre, inclinés sous leur deuil ;
J'ai vu les vierges de Valence
Y semer de fleurs mon cercueil.
De Roger quelques frères d'armes,
Le front baissé, le crêpe au bras,
La suivaient en versant des larmes ;
Roger seul ne la suivait pas.

BÉATRIX.

Il mourra ; pour lui point de larmes !
Pour toi, ma fille, il n'en eut pas.

CLARA.

Enfin cette foule attendrie,
Du temple montant les degrés,
Pour celle qu'elle avait chérie
Pria sous les parvis sacrés ;
Mais dans cette pieuse enceinte
Où Roger, toujours sur mes pas,
Tant de fois vint m'offrir l'eau sainte,
Roger lui seul ne priait pas.

BÉATRIX.

Il mourra ; pour lui point d'eau sainte !
De lui ton cercueil n'en eut pas.

CLARA.

La justice divine à la fin me le livre !
Il va traverser ce hameau,
C'est là qu'il doit cesser de vivre ;
Que, séparé des siens, il y trouve un tombeau ;
Je le veux, dussé-je l'y suivre.

BÉATRIX.

Et quand ?

CLARA.

Ce soir.

BÉATRIX.

Où donc ?

CLARA.

A Torellas !
Le récit merveilleux qu'on fait de ces décombres
Où des morts dans la nuit on voit errer les ombres,
Pour sa folle valeur doit avoir des appas.

BÉATRIX.

Je vous comprends.

CLARA.

Qu'à mes pieds on l'amène,
Et qu'il y tombe.

BÉATRIX.
Sous quel garde...

Sous le poignard d'Alvar et de ses guérillas.

Votre noble parent! Ah! comptez sur sa haine.

CLARA.
L'as-tu fait avertir?

BÉATRIX.
Il est ici.

CLARA.
Qu'il vienne.

SCÈNE IV
CLARA, BÉATRIX, ALVAR.

ALVAR, à Béatrix.
Ciel! est-il vrai! j'ai-je bien entendue?

CLARA.
Alvar!

ALVAR.
Clara, c'est elle! oui vous, oui, c'est bien vous,
Qu'à jamais je croyais perdue.

CLARA.
Va, Béatrix, veille sur nous.

BÉATRIX.
J'y cours.

ALVAR.
Vous m'êtes donc rendue!
Est-ce pour un moment ou pour toujours?

CLARA.
C'est vous, Alvar, oui, c'est vous-même,
Qui le déciderez en arbitre suprême.

DUO.
CLARA.
M'aimez-vous?

ALVAR.
Plus que ma vie.

CLARA.
Il faut pour moi d'exposer...

Pour vous je puis tout oser,
Me dût-elle être ravie!

CLARA.
Sachez donc me mériter :
À vous, Alvar, je me donne.

ALVAR.
Quoique votre bouche ordonne,
Ce bras va l'exécuter.

CLARA.
Songez bien que s'il balance,
Je meurs, Alvar!

ALVAR.
Vous vivrez.

CLARA.
D'un insolent qui m'offense
Je veux le sang.

ALVAR.
Vous l'aurez.

CLARA.
D'un Français...

ALVAR.
Ah! je partage
L'horreur qu'un vous inspira.

CLARA.
Celle que je pleurais, dans mes bras je le pressai
Je l'aimais

ALVAR.
De Clara, ma fille,
Je sens, Clara,
Que je le hais davantage.

CLARA.
Je l'avoue en rougissant
Mais vous devez connaître
Ce cœur l'aime encor peut-être

ALVAR.
C'est à moi qu'il faut son sang.

ENSEMBLE.
ALVAR.
Espagnol, j'ai droit sur sa vie;
Il me la faut, amant jaloux.
Amour et patrie,
Conduisez mes coups.

CLARA.
Espagnol, il me doit sa vie;
Il me la doit, amant jaloux.
Amour et patrie,
Conduisez ses coups.

ALVAR.
Où frapper?

CLARA.
Dans les décombres
Du château de mes aïeux.

ALVAR.
En expirant sous vos yeux,
Il y rejoindra leurs ombres.

CLARA.
Ses amis le défendront :
Mais des autres sont fidèles?

ALVAR.
Quand je veux ils ont des ailes,
Cette nuit ils y seront.

CLARA.
La pitié peut me surprendre;
Mais persistez.

ALVAR.
Sans remords.

CLARA.
Si mes cris se font entendre,
Étouffez-les.

ALVAR.
Par sa mort.

CLARA.
Vous jurez...

ALVAR.
D'être insensible
Par amour à votre voix.

CLARA.
À mes pleurs?

ALVAR.
Si je les vois,
Ils me rendront plus terrible.

CLARA.

Et son sang prêt à couler,
Quand j'oserais le défendre,
Vous jurez de le répandre?

ALVAR.

Dût le vôtre s'y mêler.

ENSEMBLE.

ALVAR.

Espagnol, j'ai droit sur sa vie;
Il me la faut, amant jaloux.
Amour et patrie,
Conduisez mes coups!

CLARA.

Espagnol, il me doit sa vie;
Il me la doit, amant jaloux.
Amour et patrie
Conduisez ses coups.

~~~~~~~~~~~~~~~~~~~~~~~~~~~~~~~~~

SCÈNE V.

ALVAR, CLARA, BÉATRIX.

BÉATRIX.

Ils viennent! les Français s'approchent du village.

CLARA.

A Torellas je cours!

BÉATRIX.

Moi, je vais, s'il se peut, exalter leur courage,
Pour vous livrer leurs jours!

TRIO.

CLARA, à Alvar.

Vous jurez donc de venger mon injure?

ALVAR.

Oui! je le jure!

CLARA.

De l'immoler à mes ressentiments?

ALVAR.

Oui, je le jure!

BÉATRIX.

Béatrix, la sorcière, a reçu vos serments.

ALVAR.

Mais vous jurez d'être à moi sans murmure?

CLARA.

Oui, je le jure!

ALVAR.

Si je l'immole à vos ressentiments?

CLARA.

Oui, je le jure!

BÉATRIX, à tous deux.

Béatrix, la sorcière a reçu vos serments.
Dieu, s'il cède à ton empire,
Viens lui prêter ton appui;
Si c'est l'enfer qui l'inspire,
Que l'enfer frappe avec lui!

ENSEMBLE.

ALVAR.

Espagnol, j'ai droit sur sa vie;
Il me la faut, amant jaloux.

Amour et patrie,
Conduisez nos coups!

BÉATRIX.

Pourrait-il épargner sa vie?
Il est Espagnol et jaloux.
Amour et patrie,
Conduisez mes coups!

CLARA.

Espagnol, il me doit sa vie?
Il me la doit, amant jaloux.
Amour et patrie,
Conduisez ses coups!

(Ils sortent.)

Le théâtre change et représente la grande place du
village; au fond sur les montagnes on aperçoit
dans le lointain le château de Torellas.

~~~~~~~~~~~~~~~~~~~~~~~~~~~~~~~~~

SCÈNE VI.

PÉDRO, PAYSANS, PAYSANNES, TORÉADORS.

CHOEUR.

Joie et fête au village!
Pédro, par son courage,
Dans le cirque a su vaincre encor.
Célébrons sa victoire,
Du hameau c'est la gloire:
Honneur au grand Toréador!

**UNE JEUNE FILLE présentant une couronne à Pé-
dro.**

Pédro, reçois ce gage
Offert à ta valeur;
C'est le juste hommage
Qu'on doit au vainqueur.

CHOEUR.

Joie et fête au village,
Pédro, par son courage!
Dans le cirque a su vaincre encor.
Célébrons sa victoire,
Du hameau c'est la gloire:
Honneur au grand Toréador!

PÉDRO.

Amis, ah! quelle fête
Pour moi s'apprête!
A vous bien plus qu'à ma valeur
Je dois ma gloire et mon bonheur.

LE CHOEUR.

Amis, ah! quelle fête
Pour lui s'apprête!
A son adresse, à sa valeur,
Il doit sa gloire et son bonheur.

PÉDRO.

De cette victoire
A vous tous la gloire!
De cette victoire
A vous l'honneur.
Oui, je dois à vos vœux
Ce triomphe heureux,
Ce jour glorieux;
Et mon cœur toujours dira:

L'amitié me le donne.
Chantons, et que la danse
Suive en cadence!
C'est le jour du retour,
Jour du bonheur et de l'amour!

LE CHŒUR.

Chantons, et que la danse
Suive en cadence;
C'est le jour du retour,
Jour du bonheur et de l'amour!

PÉDRO.

Salut! noble patrie!
Terre chérie!
Ah! pour moi chaque souvenir
Est un bonheur, est un plaisir!

LE CHŒUR.

Honneur de la patrie!
Toujours chérie!
Que pour toi chaque souvenir
Soit un bonheur, soit un plaisir!

PÉDRO.

Oui, cette couronne,
Que la gloire donne,
Oui, cette couronne
Charme mon cœur!
Mais je viens, entre nous,
Chercher parmi vous
Un prix bien plus doux;
Et l'amour, l'amour est là...
Il me le donnera.
Amis! ah! quelle fête
Pour moi s'apprête!
Je sens battre mon cœur
D'amour, de joie et de bonheur!

LE CHŒUR.

Amis! ah! quelle fête
Pour lui s'apprête!
Il sent battre son cœur
D'amour, de joie et de bonheur!

Les Jeunes Filles dansent avec Pédro et ses compagnons, les Paysans forment différents groupes autour des tables et portent des santés en son honneur.

BALLET.

~~~~~~

SCÈNE VII.

LES PRÉCÉDENTS, ROGER, FARGY, NUGNEZ.

ROGER, à Nugnez.

Quoi! point d'auberge? point d'asile?

NUGNEZ.

Non, seigneur, point d'asile.

ROGER.

Dans les environs point de ville?

NUGNEZ.

Non, seigneur, point de ville.

FARGY.

Quand l'orage s'approche... Ah! s'il en est ainsi,
Muletier, tu seras puni.

ROGER, à un Sous-Officier.

Mon brave, va chercher encore,
Tu viendras nous reprendre ici.

FARGY.

Chasse l'ennui qui te dévore,
Roger, mêlons-nous à leurs jeux.

ROGER.

Non; de sa mort je suis coupable,
Et je ne puis plus être heureux.

FARGY.

Ton devoir fut impitoyable,
En parlant tu l'aurais trahi!
Ta mission secrète, elle a sauvé l'armée...

ROGER.

Mais celle que j'ai tant aimée,
Je l'abusais!

FARGY.

Tu m'abusais aussi,
Quand je suivais son deuil, soupçonnant ta ten-
                                      [dresse,
Sur elle mon cœur a gémi;
Mais doit-on dire à sa maîtresse
Ce que l'on cache à son ami?...

(Se retournant vers les Paysans.)

Pourtant il faut qu'on nous héberge!
Du premier qui voudra de nous,
Je prends la maison pour auberge.
Nous loger doit vous plaire à tous.

(A un Vieillard.)

Eh bien! malgré la concurrence,
Je vous donne la préférence.
        L'hospitalité!
Faites-nous bon feu, bonne chère.
Ma valise est assez légère,
        Mais par ma gaîté,
En buvant avec vous rasade,
Je vous paîrai, mon camarade,
        L'hospitalité!

LE VIEILLARD.

Grand merci de la préférence!
Malgré mon respect pour la France,
Je ne le puis, en vérité...

FARGY, à une Jeune Fille.

        L'hospitalité!
Pour l'instant je suis insolvable;
Mais mon cœur est inépuisable
        Comme ma gaîté;
En chiffonnant votre résille
Je vous paîrai, ma belle fille,
        L'hospitalité!

LA JEUNE FILLE.

Grand merci de la préférence!
Malgré mon respect pour la France,
Je ne le puis, en vérité...

LE CHŒUR, à qui Fargy s'adresse.

Grand merci de la préférence!
Malgré mon respect pour la France,
Je ne le puis, en vérité...

FARGY, à *Roger.*
La touchante unanimité !
(*A l'Officier qui entre.*)
Viens donc, toi, nous tirer de peine.

~~~~~~~~~~~~~~~~~~~~~~~~~~~~~~~~~~~~~

SCÈNE VIII.

LES PRÉCÉDENTS, BÉATRIX, ALVAR, UN OFFICIER.

LE SOUS-OFFICIER, *à Roger.*
Impossible, mon capitaine,
Pas un gîte, pas un abri !

FARGY.
Que ferons-nous, Roger ?

BÉATRIX, *bas à Alvar.*
C'est lui !

ALVAR.
Malheur à lui !

L'OFFICIER.
La vieille que je vous amène
(*Montrant le château dans le lointain.*)
Prétend qu'on peut loger là-bas.

NUGNEZ, *épouvanté.*
A Torellas !

LE CHOEUR, *de même.*
A Torellas !

BÉATRIX.
On le peut, mais vous n'irez pas.

ROGER.
Pourquoi donc ?

BÉATRIX.
Les esprits funèbres
S'y promènent dans les ténèbres !...

NUGNEZ, *à Roger.*
Capitaine, vous n'irez pas !

FARGY.
Des esprits je fais peu de compte.

NUGNEZ.
Sur ces murs que nous redoutons,
Ecoutez ce que l'on raconte.
Ecoutez tous.

LE CHOEUR.
Ecoutons.

FARGY.
Voyons donc ce qu'on en raconte.

NUGNEZ.
Un baron jadis adora
De Torellas la noble châtelaine ;
Des bras de la fière Clara
Au brigandage il courait dans la plaine.
Les festins rassemblaient la nuit
Un écuyer, le baron et la belle,
Quand le beffroi sonnait dans la tourelle
Le douzième coup de minuit !
Un soir les feux pâlirent ;
Tout à coup retentirent
Dans ces noirs bâtiments,
Avec des sifflements,
Et des gémissements,
Et d'affreux hurlements,
Ces mots épouvantables :

Baron, prends garde à toi !...
Mais au bruit du beffroi
Il reniait sa foi,
Et narguait sans effroi
Les spectres et les diables !

ENSEMBLE.

FARGY.
Il a bien fait, ma foi !
Et le verre en main, moi,
J'aurais bu sans effroi
A la santé des diables !

ROGER.
Il a bien fait, ma foi !
Et le sabre au poing, moi,
Comme lui sans effroi,
J'eusse affronté les diables !

LE CHOEUR.
J'aurais mieux aimé, moi,
Revenir à la foi,
Et me signer d'effroi,
Que de narguer les diables !

BÉATRIX.
La venger est ma loi.
Il a trahi sa foi ;
Ce Français est pour moi
Le plus grand des coupables.

ALVAR.
Elle a reçu ma foi ;
La venger est ma loi ;
On l'aime, il est pour moi
Le plus grand des coupables.

NUGNEZ.
Le lendemain, quand vint le soir,
Nouveau banquet ; mais Clara, repentante,
Entre eux ne voulut pas s'asseoir,
Et sous leurs coups y tomba palpitante.
Acte sanglant ! horrible nuit !...
Tout disparut, ses bourreaux avec elle,
Quand le beffroi sonna sur la tourelle
Le douzième coup de minuit !
Depuis qu'ils y périrent,
Chaque nuit retentirent,
Dans ces noirs bâtiments,
Avec des sifflements,
Et des gémissements,
Et d'affreux hurlements
Ces mots épouvantables...

FARGY, *frappant sur l'épaule de Nugnez.*
Nugnez, prends garde à toi !

NUGNEZ, *criant de toutes ses forces.*
Ah !... c'est vous ! quel effroi !
J'aurais juré, ma foi,
Que j'avais après moi
L'enfer et tous ses diables !

ENSEMBLE.

ROGER ET FARGY.
Ah ! le plaisant effroi !
Il a pensé, ma foi,
Qu'il avait après soi
L'enfer et tous ses diables.

LE CHOEUR.

J'aurais aussi, ma foi,
Crié comme lui, moi ;
On peut trembler d'effroi
Quand on parle des diables.

BÉATRIX.

La venger est ma loi ;
Il a trahi sa foi,
Ce Français est pour moi
Le plus grand des coupables.

ALVAR.

Elle a reçu ma foi,
La venger est ma loi ;
On l'aime, il est pour moi
Le plus grand des coupables.

FARGY.

Eh bien ! je veux jusqu'à demain
De ces esprits habiter le repaire.

BÉATRIX.

Non, malheur à qui l'ose faire !
Clara vient le verre à la main,
Rire et chanter avec le téméraire,
Qu'on trouve mort le lendemain.

FARGY.

Oui, je serai ce téméraire.

ROGER.

Je veux voir cette Clara,
Qu'à minuit elle m'apparaisse,
Que dans ses traits je reconnaisse
Ceux que mon cœur adora.

BÉATRIX, à Alvar.

Il la verra.

ALVAR.

Mais il mourra !

ROGER.

Hélas ! quelle est ma folie !
Celui qui t'ôta la vie
Jamais ne te verra.

BÉATRIX ET ALVAR.

Il la verra,
Mais il mourra.

NUGNEZ.

L'orage approche, on n'y voit goutte.

FARGY, à Nugnez et aux Paysans.

Raison de plus, pour Torellas
En route, mes braves, en route !

LE CHOEUR.

Par tous les saints, nous n'irons pas.

ROGER, FARGY, L'OFFICIER.

Vous irez, ou craignez mon bras !

NUGNEZ.

Soyez donc charitables.
Dans ces noirs bâtiments
J'entends des deux amants
Les longs gémissements,
Les affreux hurlements
Des spectres et des diables.

FARGY.

Laisse donc là tes fables.
Je veillerai sur toi ;
Je te donne ma foi
Que l'on peut avec moi
Affronter sans effroi
Les spectres et les diables.
A Torellas !

LE CHOEUR, consterné.

A Torellas !
Eh quoi ! nous y suivrons ses pas !

FARGY.

Procurez-moi dans le village
Du feu, des vivres et du vin,
Et montrez-nous tous le chemin
En y portant notre bagage.

ROGER ET FARGY.

A Torellas ! à Torellas !

LE CHOEUR.

Si nous y conduisons vos pas,
Du moins nous n'y resterons pas.

L'OFFICIER, à part.

Plus tard, quand viendront nos soldats,
J'irai veiller sur Torellas.

TOUS.

A Torellas ! à Torellas !

ENSEMBLE.

ROGER ET FARGY.

Laisse donc là tes fables, etc.

NUGNEZ ET LE CHOEUR.

Dans les murs redoutables
De ces noirs bâtiments,
J'entends des deux amants, etc., etc.

ALVAR.

Dans ces murs redoutables
La venger est ma loi ;
Elle a reçu ma foi,
Ce Français est pour moi
Le plus grand des coupables.

ACTE DEUXIÈME.

Le théâtre représente une salle gothique du château de Torellas. Au fond les portraits de Clara, du baron et de son écuyer, au-dessus d'une vaste porte d'où part une galerie à demi ruinée qui va se perdre dans les ténèbres. Les paysans viennent d'allumer du feu, et attachent des flambeaux pour éclairer la salle.

SCÈNE PREMIÈRE.

ROGER, FARGY, NUGNEZ, PAYSANS et
PAYSANNES.

CHOEUR.

Eclairons ces murailles sombres,

Car c'est ici le lieu fatal
Où, pour le banquet infernal,
Venaient se réunir leurs ombres.

ROGER.

Voici donc le château qu'habitaient ses aïeux !
Un triste souvenir me poursuit en ces lieux.

NUGNEZ.

C'est ici qu'à minuit revient la châtelaine ;
Voyez encor ce flambleau sépulcral,
De leur dernier festin il éclaira la scène !...
Croyez-moi ce château nous deviendra fatal,
Laissez-moi partir !

FARGY.

Non, demeure.

NUGNEZ.

Je serai mort avant une heure.

ENSEMBLE.

ROGER *et* FARGY.

Nous restons dans ce vieux manoir,
Où d'effroi votre corps frissonne ;
Partez avant que minuit sonne,
Demain nous irons vous revoir !

NUGNEZ.

Faut-il rester dans ce manoir
Pour attendre que minuit sonne ?
De terreur tout mon corps frissonne.
Amis ! puissiez-vous me revoir !

LE CHŒUR.

Quittons vite ce vieux manoir,
Où d'épouvante l'on frisonne ;
Partons avant que minuit sonne,
Au revoir, Nugnez, au revoir.

SCÈNE II.

ROGER, FARGY, NUGNEZ.

FARGY.

Ils sont partis, et pour nous recevoir
Je ne vois paraître personne !

TRIO.

La châtelaine est sans égard,
Et c'est manquer de courtoisie
Que de se présenter si tard
Le jour où l'on a compagnie.

NUGNEZ.

Qu'elle me traite sans égard,
Car je craindrais sa courtoisie,
Et je ne voudrais pas si tard
Me trouver dans sa compagnie !

FARGY.

Bannis ta tristesse, Roger,
C'est à rire qu'il faut songer.

ROGER.

Ah ! Fargy, laisse-moi, de grâce !
N'ai-je pas perdu tout espoir ?...

NUGNEZ.

Pour rire quand la peur vous glace,
Suffit-il donc de le vouloir ?

FARGY, *indiquant les portraits.*

Vois donc, Roger, de notre hôtesse
Les convives sont là tous deux.

NUGNEZ.

Quand ils vous sembleraient hideux,
N'en dites rien par politesse.

FARGY.

Sois l'un, je suis l'autre : je veux

Fêter entre amis notre hôtesse.

ROGER.

Volontiers, je suis le baron,

FARGY.

Et moi son écuyer fidèle.

NUGNEZ.

Et moi ?

FARGY.

Toi, tu n'es qu'un poltron.

NUGNEZ.

Ici la peur est naturelle ;
Hélas ! hélas !
Sans frémir peut-on faire un pas.

ROGER.

La tombe m'a séparé d'elle,
Hélas ! hélas !
Non, je ne la reverrai pas !

ENSEMBLE.

FARGY.

La châtelaine est sans égard,
Et c'est manquer de courtoisie
Que de se présenter si tard
Le jour où l'on a compagnie !

NUGNEZ.

Qu'elle me traite sans égard ;
Car je craindrais sa courtoisie,
Et je ne voudrais pas si tard
Me trouver dans sa compagnie.

ROGER.

Pourquoi du cœur et du regard
Chercher celle qui m'est ravie ?...
Pour la revoir il est trop tard,
Je ne puis ranimer sa vie.

FARGY.

Par la faim je suis tourmenté,
Et sur un bon souper je compte.

NUGNEZ.

Mais comme en bas il est resté,
Tout seul il est douteux qu'il monte.

ROGER.

Va le chercher.

NUGNEZ.

Pour mon devoir
Je fus toujours des plus ingambes...

FARGY.

Eh bien ! marche !

NUGNEZ.

Est ce en mon pouvoir
Marcher, quand on n'a plus de jambes !
Suffit-il donc de le vouloir ?

FARGY.

Dans ces corridors il frissonne.

NUGNEZ.

Oui, je n'ai pas le sens commun ;
Mais on n'y voit jamais personne,
J'ai peur d'y rencontrer quelqu'un !

FARGY, *à Roger.*

Pour le rassurer je te quitte !

ROGER.

Va, j'attendrai seul la visite.

NUGNEZ.

Quel courage !

FARGY.

A bientôt, baron.

ROGER.

Au revoir, écuyer fidèle !

FARGY.

Et toi, viens avec moi, poltron !

NUGNEZ.

Ici la peur est naturelle,
Hélas ! hélas !
Sans frémir, peut-on faire un pas ?

ROGER.

La tombe m'a séparé d'elle.
Hélas ! hélas !
Non, je ne la reverrai pas !

ENSEMBLE.

FARGY.

La châtelaine est sans égard, etc., etc.

NUGNEZ.

Qu'elle me traite sans égard, etc., etc.

ROGER.

Pourquoi du cœur et du regard, etc., etc.

SCÈNE III.

ROGER, seul.

Ah ! que Dieu me la rende en ce triste séjour,
Ne fût-ce qu'un moment, pour jurer devant elle,
Qu'à mon devoir si je fus trop fidèle,
Je ne cessai jamais de l'être à mon amour !
Sors du tombeau, femme adorée,
Rouvre pour moi tes yeux si doux ;
Que ton amant, ombre sacrée,
Se justifie à tes genoux !
Mais non, rien ne se meut sous ces voûtes funèbres ;
J'appelle en vain ton ombre, elle est sourde à ma voix ;
Pour t'arracher de leurs ténèbres,
En vain je tends les bras vers toi.
Sors du tombeau femme adorée, etc., etc.
Fol espoir, mort implacable !
Toi, que je chéris,
Ta tombe, à mes cris,
Est restée inexorable.
La mort que j'ai beau prier,
Ne saurait m'entendre,
Et ne veut pas rendre
La victime au meurtrier !

SCÈNE IV.

ROGER, FARGY, NUGNEZ.

FARGY.

Aucun spectre, Roger, ne t'est venu surprendre ?

ROGER.

Hélas ! personne n'a paru.

FARGY.

L'intrépide Nugnez a cru
Te retrouver réduit en cendre.

NUGNEZ, qui met le couvert.

Quel effroi pour vous j'ai senti !
De grand cœur je vous félicite,

Mais j'aurais mieux aimé qu'elle eût pris le parti
De venir vous rendre visite
Au moment où j'étais sorti.

FARGY.

Hâte-toi !

NUGNEZ.

Je le fais.

FARGY, montrant les provisions à Roger.

L'ordinaire est splendide ;
Voilà, ma foi, des mets pour tous les goûts !

NUGNEZ.

Combien de couverts ?

FARGY.

Trois.

ROGER.

Oui, trois ; mais, entre nous,
Une place restera vide.

NUGNEZ.

Plaise à Dieu qu'elle reste vide !
Seigneurs, le souper vous attend.

FARGY.

A table !

ROGER.

A table !

FARGY.

Que ce repas est succulent !

ROGER.

L'appétit rend tout excellent.

FARGY.

Mets recherchés ! vin délectable !
Jamais Gil Blas
A Lirias
N'a fait un souper plus aimable.
Mais je voudrais
Que celle dont je vois l'image
Reprît les traits
Qu'elle avait à la fleur de l'âge ;
Heureux si la dame, sans bruit,
Venait vêtue à la légère,
Comme la nuit
Un fantôme l'est d'ordinaire
Troubler notre sieste à minuit !
Souper charmant ! spectre adorable !
Jamais Gilblas
A Lirias
N'aurait eu de nuit plus aimable.

ROGER.

Toujours joyeux !

FARGY, avec transport, en apercevant une bouteille que tient Nugnez.

Dieu ! qu'ai-je vu ?

NUGNEZ.

Le Fantôme ! je suis perdu !

ROGER.

Hé ! qu'as-tu donc ?

FARGY.

Bravo !

ROGER.

Quoi ?

FARGY.

C'est du vin de France !
La forme du flacon suffit pour en juger,
Du champagne !

ROGER.

Vraiment ?

FARGY.

Fêtons ce vin, Roger,
Comme une vieille connaissance
Que l'on retrouve à l'étranger.

ROGER.

Oui, buvons; oublier est ma seule espérance.

NUGNEZ, *montrant la bouteille.*

De peur j'ai failli la lâcher.

FARGY.

Avec respect, Nugnez, il faut la déboucher.

(A *Roger.*)

Le bouchon qu'il pousse
Cède à la secousse,
Bondit, et la mousse
Vole en liberté;
Que du vin qui fume
La brûlante écume
A ses feux rallume
Ta vieille gaîté.

ROGER.

Le bouchon qu'il pousse
Cède à la secousse,
Bondit, et la mousse
Vole en liberté;
Et du vin qui fume
La brûlante écume
A ses feux rallume
Ma vieille gaîté!

NUGNEZ, *pendant qu'ils trinquent et boivent.*

Écoutez l'orage qui gronde;
Voyez, voyez les feux qui se croisent dans l'air.

FARGY.

Qu'à ce bruit le bouchon réponde,
Le vin en jaillissant fera pâlir l'éclair.

NUGNEZ.

Quand on soupe, on brave l'orage;
A jeun, on tremble, et j'en suis là.

ROGER.

Il a raison. Sable ce doux breuvage.

FARGY.

Bois, c'est du vin français, il donne du courage.

NUGNEZ, *remplissant un verre.*

Je vais me verser du courage.

(*En buvant.*)

Le joli vin que celui-là!
Sa chaleur est douce;
Quand je bois sa mousse,
Mon cœur par secousse
Bat de volupté;
Et du vin qui fume
La brûlante écume
Dans mon cœur allume
La témérité!

FARGY.

O miracle du champagne!

ROGER.

Notre courage le gagne!

NUGNEZ.

Je le sens dans mon sein comme le vin mousser,
Et maintenant je suis capable!......

ROGER.

De quoi donc?

NUGNEZ.

De recommencer!

FARGY.

Téméraire!

NUGNEZ.

J'en suis capable.

FARGY.

Je le veux bien; mais, cette fois,
Nous allons boire tous les trois
A notre hôtesse vénérable.

NUGNEZ.

O ciel! en serai-je capable!

FARGY.

L'oses-tu?

NUGNEZ.

Le vin est si bon!

ROGER.

Dis, l'oses-tu?

NUGNEZ.

Si délectable!

FARGY.

Eh bien?

NUGNEZ.

A l'écuyer, oui je ferai raison.

FARGY.

Bravo!

NUGNEZ.

Puis après au baron.

(*Tandis qu'il débouche une bouteille et remplit
les verres.*)

ENSEMBLE.

FARGY ET ROGER.

Le bouchon qu'il pousse, etc., etc.

NUGNEZ.

Sa chaleur est douce, etc., etc.

(*Après l'ensemble, ils ont tous le verre à la main,
et se disposent à porter la santé; minuit sonne.*)

ROGER, FARGY.

Un... deux...

NUGNEZ.

Je sens mon cœur battre.

ROGER, FARGY.

Trois... quatre...

NUGNEZ.

Ah! mon Dieu!

ROGER, FARGY.

Cinq... six...

NUGNEZ.

Tous mes membres sont transis.

ROGER, FARGY.

Sept... huit...

NUGNEZ.

Je me tiens à quatre...

ROGER, FARGY.

Neuf...

NUGNEZ.

Pour ne pas m'enfuir.

ROGER, FARGY.

Dix...

Onze...

NUGNEZ.

C'est l'instant terrible!

FARGY, ROGER, *se levant le verre à la main.*

Douze!.., à toi, noble Clara!

CLARA, *qu'on voit apparaître au fond de la galerie.*

Me voilà !

FARGY, *avec surprise.*

La voilà !

ROGER, *avec joie.*

La voilà !

NUGNEZ, *tombant à genoux avec terreur.*

La voilà !

ROGER.

Clara !

FARGY.

Ciel ! est-il possible ?

CLARA, *qui s'avance vers la table.*

Me voilà !

FARGY.

La voilà !

ROGER.

La voilà !

NUGNEZ.

La voilà !

~~~~~~~~~~~~~~~~~~~~~~~~~~~~~~~~~~~~

SCÈNE V.

LES PRÉCÉDENTS, CLARA.

ENSEMBLE.

ROGER, FARGY.

Quoi, c'est Clara ! c'est elle !
C'est elle que je vois !
De la nuit éternelle
Elle sort à ma voix !

CLARA.

Oui, c'est Clara, c'est elle !...
Pourquoi pâlir d'effroi ?
Vous, dont la voix m'appelle,
Que voulez-vous de moi.

NUGNEZ.

O madone immortelle !
Je n'ai d'espoir qu'en toi ;
Viens me délivrer d'elle,
Viens, ou c'est fait de moi.

FARGY, *se frappant le front.*

Mais j'ai suivi ses funérailles ;
Pour moi son trépas est certain.

ROGER.

Quoi ! mon espoir n'était pas vain ?

NUGNEZ.

Je sens s'ébranler ces murailles ;
Tout va s'abîmer, c'est certain.

CLARA.   [place.

Asseyez-vous, seigneurs, je viens prendre ma

FARGY, *qui s'est assis comme Roger.*

Qu'ais-je donc fait de mon audace ?
D'horreur tous mes sens sont glacés !...

CLARA, *tendant son verre à Nugnez.*

Versez, brave échanson, versez.

NUGNEZ.

Je ne puis.

CLARA.

Versez donc.

ROGER, *qui remplit le verre.*

Moi, j'en aurai l'audace.

CLARA.

Répétez, le verre à la main,
Ce refrain
Que les morts chantent dans la tombe.

NUGNEZ.

Sur nous le vieux manoir tombe
S'ils répètent le refrain !

CLARA.

Le temps fuit, l'espoir s'envole ;
L'amour trompe et nous immole
Sans remord ;
Tout passe, buvons à celle
Qui seule est toujours fidèle
A la mort !

(*En se levant, à Fargy.*)

Hé bien, seigneur, vous gardez le silence !
Je vous glace par ma présence.

(*Montrant Roger.*)

Laissez-nous seuls.

FARGY, *à Roger.*

Je reste à tes côtés.

ROGER.

Va-t-en, je le veux, je l'exige.

CLARA, *qui du doigt tendu vers l'appartement voisin poursuit Fargy et Nugnez.*

Sortez, sortez !

FARGY.

Non, j'éclaircirai ce prodige.

ROGER.

Va-t-en !

NUGNEZ, *entraînant Fargy.*

Fuyons,

CLARA.

Sortez, sortez !

(*Fargy et Nugnez sortent.*)

~~~~~~~~~~~~~~~~~~~~~~~~~~~~~~~~~~~~

SCÈNE VI.

ROGER, CLARA.

CLARA, *à part, en revenant sur le devant de la scène.*

Mes vengeurs se font bien attendre !...
L'arrêt qui le condamne il va du moins l'entendre

DUO.

ROGER.

Son tombeau s'ouvre ; mais au jour,
Mais à mes pleurs Dieu la rend morte.
En moi quel sentiment l'emporte ?
Est-ce l'horreur ? est-ce l'amour ?

CLARA.

Son tombeau s'ouvre, et sans retour
Je sens que ma tendresse est morte ;
De mon cœur, où l'orgueil l'emporte,
La vengeance a chassé l'amour.

(*A Roger.*)

Roger, Roger, tu m'as trahie !
Le marbre s'est levé, j'en sors,
Et viens de la cité des morts
Te reprocher ta perfidie.

ROGER.

Oui, de tes maux je fus l'auteur,

Mais je le fus sans perfidie.

CLARA.

Abjure un langage imposteur !
Roger, Roger, tu m'as trahie !

ROGER.

Toi, qui vois tout du haut des cieux,
De moi peux-tu douter encore ?
Attache tes yeux sur mes yeux,
Et lis dans ce cœur qui t'adore.

CLARA.

Ne crois pas m'abuser encore.

ROGER, *tombant à ses genoux.*

Il fallait fuir sans te parler,
Ainsi l'ordonnait la patrie ;
A sa voix j'ai dû m'immoler,
Je te le jure, ombre chérie !

CLARA.

Lorsque je viens pour l'immoler,
Puis-je me sentir attendrie ?
Dois-je donc toujours me troubler
A cette voix que j'ai chérie ?

ENSEMBLE.

ROGER.

Douce voix, c'est en vain qu'au jour
Et qu'à mes pleurs Dieu la rend morte ;
L'horreur a fui, l'amour l'emporte,
Et je ne sens que mon amour.

CLARA.

Douce voix, pour lui sans retour
Ma tendresse n'est donc pas morte ?
En moi quel sentiment l'emporte ?
Est-ce la haine ? est-ce l'amour ?

CLARA.

Quoi ! tu m'aimais ?

ROGER.

Mon honneur même
A peine te fut préféré.

CLARA.

Quoi, tu m'aimais ?

ROGER.

Comme je t'aime,
Comme toujours je t'aimerai.

CLARA.

Au tombeau je vais redescendre.

ROGER.

Mais non pas seule, et je te suivrai
Le trésor qu'il veut me reprendre.

CLARA.

Que me dis-tu ?

ROGER.

La vérité,
Avant qu'entre nous la mort vienne,
Que ce fer pour l'éternité
Unisse mon âme et la tienne !

CLARA, *qui s'élance vers lui.*

Arrête !

ROGER.

Tu retiens mon bras ?

CLARA.

Je le dois.

ROGER, *saisissant sa main.*

Quel espoir m'agite !

Cette main ne me glace pas.

CLARA.

Cette main, que la crainte agite,
L'amour vient de la ranimer.

ROGER.

Ciel ! sur mon cœur ton cœur palpite !

CLALA.

Oui, sur ton cœur mon cœur palpite !

ROGER.

Tu vis ?

CLALA.

Oui, je vis pour t'aimer.

ROGER.

Tu vis, quoi ! tu vis ?

CLARA.

Pour t'aimer !...

ENSEMBLE.

ROGER.

Saints transports ! joie ineffable !
Tu renais, et le coupable
Est absous par toi.
A longs traits mon cœur s'enivre,
Clara, du bonheur de vivre ;
Tu vivras pour moi !

CLARA.

Saints transports ! joie ineffable !
Le cœur que j'ai cru coupable
Fut toujours à moi ;
A longs traits mon cœur s'enivre,
Roger, du bonheur de vivre ;
Je vivrai pour toi !

ROGER.

Ton trépas n'était qu'un mensonge ;
Tu trompais jusqu'à ton amant ;
Ah ! j'ai fait un horrible songe ;
Mais que le réveil est charmant !

CLARA, *avec terreur.*

Écoute !...

ROGER.

Je n'entends que toi.

CLARA.

Je tremble, Roger.

ROGER.

Vain effroi !
Je ne crains plus que ta mort vienne
Nous séparer.

CLARA.

Ah ! fuis loin d'eux !
Ce n'est pas ma mort, c'est la tienne
Qui vient nous séparer tous deux.

ROGER.

Moi, te fuir, jamais !

CLARA.

Le temps presse ;
De leurs coursiers j'entends les pas.

ROGER.

Non, je ne te quitterai pas.

CLARA.

Ils sont arrivés, le bruit cesse.
Fuis !

ROGER.

Non !

CLARA.
Ils menacent ton sein.

ROGER.
Qui donc m'a livré?

CLARA.
Ta maîtresse.

ROGER.
Toi, Clara!

CLARA.
Moi, ton assassin.

SCÈNE VII.

LES PRÉCÉDENTS, ALVAR.

ALVAR.
Au rendez-vous je les devance.
Commandez, ils vont accourir,
Voici l'heure de la vengeance,
Clara, ce Français va mourir.

CLARA.
De mon erreur il est victime;
Je révoque l'arrêt fatal.
Alvar, le frapper est un crime!

ALVAR.
Il est Français et mon rival,
A mes yeux c'est un double crime!

ROGER.
Viens donc combattre ton rival!

ALVAR.
Vengeance.
(Il repousse Clara et s'élance au fond, à ses guéril-
las.)
A moi!

ROGER.
Fargy!

CLARA.
Grand Dieu! plus d'espérance!

CHŒUR DES GUÉRILLAS, à l'entrée de la galerie.
Frappez avec nous,
Et que sous nos coups
Ce Français expire!

ROGER ET FARGY.
Le premier de vous
Qui cherche nos coups
A nos pieds expire.

CLARA.
Que résoudre?... ah! le ciel m'inspire!...
(Elle prend le flambeau sur la table, et s'avance à pas
lents vers les guérillas.)
Me connaissez-vous?

Le premier de tous
Qui marche vers nous,
A mes pieds expire.

LE CHŒUR, épouvanté.
C'est le spectre de Torellas!......

ALVAR.
Lâches!... qu'une femme épouvante!

LE CHŒUR.
Nous n'osons pas
Lever le bras
Sur le spectre de Torellas.

CLARA.
A genoux! ou ma main sanglante
S'étend sur vous!

LE CHŒUR.
Epargne-nous.
Tu nous vois tous
A tes genoux!

ALVAR.
Lâches!... qu'une femme épouvante,
Que faites-vous?
Les voilà tous
A ses genoux.

ROGER ET FARGY.
Sa présence les épouvante
Plus que nos coups.
Les voilà tous
A ses genoux.

On entend le bruit des trompettes et des tambours,

SCÈNE VIII.

LES PRÉCÉDENTS, UN GUÉRILLAS.

LE GUÉRILLAS.
Les Français! les Français!.... Autour de ces
[murailles
Entendez-vous le signal retentir?
Nous n'avons que le temps de fuir.

ALVAR.
Faisons-nous dans ces murailles
De sanglantes funérailles.

ROGER.
Non, je suis trop heureux, Alvar, pour me venger,
Et sous ma garde ici vous êtes sans danger.

ALVAR.
Mais nous nous reverrons au milieu des batailles!

ROGER.
Oui, nous nous reverrons au milieu des batailles!

SCÈNE IX.

LES PRÉCÉDENTS, SOLDATS FRANÇAIS, PAYSANS, ETC.

ROGER, aux Soldats.
Compagnons, arrêtez!
Que de vous ils soient respectés.
Par une vengeance inhumaine
N'attristons pas un si beau jour;
Puis-je encore écouter la haine
Quand mon cœur est tout à l'amour?

CHŒUR DES FRANÇAIS.
Par une vengeance inhumaine
N'attristons pas un si beau jour;
Pourrait-il écouter la haine
Quand son cœur est tout à l'amour?

CHŒUR DES GUÉRILLAS.
Amis, descendus dans la plaine,
Bientôt nous aurons notre tour.
Les cris de vengeance et de haine
Succéderont aux chants d'amour.

Paris. — Imprimerie Dondey-Dupré, rue Saint-Louis, 46, au Marais.

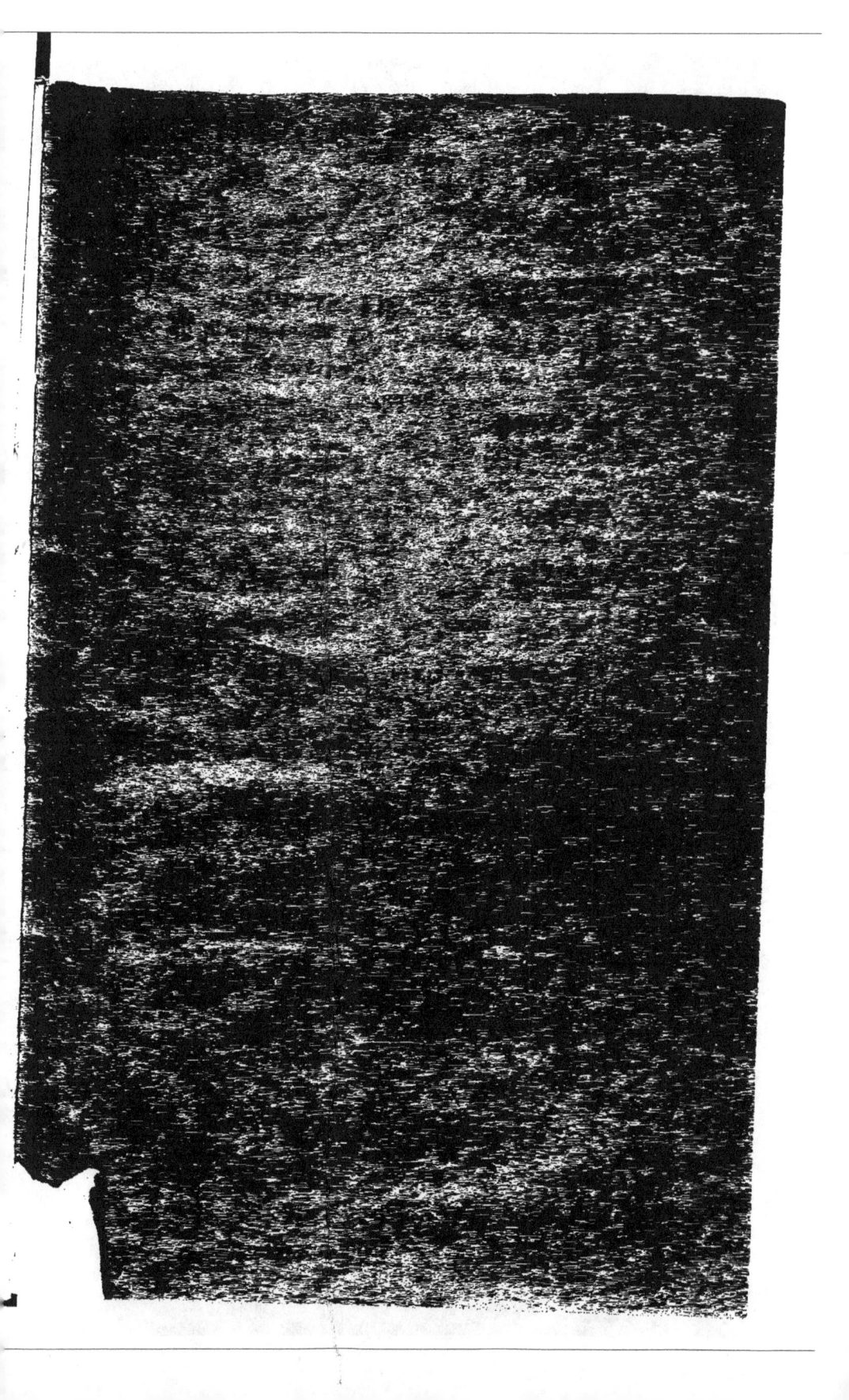